Mois

Revenus

Salaire 1	
Salaire 2	

Total revenus

Epargne

Livret A	
PEL	

Total épargne

Habitation

Loyer/crédit	
Electricité	
Eau	
Gaz/fioul	
Internet	
Téléphone	
Assurance	

Total habitation

Transports

Essence	
Abonnement	
Achat/crédit voiture	
Assurance	

Total transport

Alimentation

Courses	
Restaurants	
Cantine	

Total alimentation

Animaux

Nourriture

Total animaux

Enfants

Total enfants

Divers

Loisirs

Sports

Vacances

Total loisirs

- - - - - - - - - -

REVENUS   EPARGNE   DEPENSE

Mois

Revenus

Salaire 1
Salaire 2

Total revenus

Epargne

Livret A
PEL

Total épargne

Habitation

Loyer/crédit
Electricité
Eau
Gaz/fioul
Internet
Téléphone
Assurance

Total habitation

Transports

Essence
Abonnement
Achat/crédit voiture
Assurance

Total transport

Alimentation

Courses
Restaurants
Cantine

Total alimentation

Animaux

Nourriture

Total animaux

Enfants

Total enfants

Divers

Loisirs

Sports

Vacances

Total loisirs

REVENUS **EPARGNE** **DEPENSE**

Mois

Revenus

Salaire 1	
Salaire 2	

Total revenus

Epargne

Livret A	
PEL	

Total épargne

Habitation

Loyer/crédit	
Electricité	
Eau	
Gaz/fioul	
Internet	
Téléphone	
Assurance	

Total habitation

Transports

Essence	
Abonnement	
Achat/crédit voiture	
Assurance	

Total transport

Alimentation

Courses	
Restaurants	
Cantine	

Total alimentation

Animaux

Nourriture ____

____

Total animaux ____

Enfants

____
____
____
____

Total enfants ____

Divers

____
____
____
____
____
____
____
____

Loisirs

Sports ____

Vacances ____

____
____
____

Total loisirs ____

- - - - - - - - - -

REVENUS
____

EPARGNE
____

DEPENSE
____

Mois

Revenus
- Salaire 1
- Salaire 2

Total revenus

Epargne
- Livret A
- PEL

Total épargne

Habitation
- Loyer/crédit
- Electricité
- Eau
- Gaz/fioul
- Internet
- Téléphone
- Assurance

Total habitation

Transports
- Essence
- Abonnement
- Achat/crédit voiture
- Assurance

Total transport

Alimentation
- Courses
- Restaurants
- Cantine

Total alimentation

Animaux

Nourriture

Total animaux

Enfants

Total enfants

Divers

Loisirs

Sports

Vacances

Total loisirs

REVENUS   **EPARGNE**   **DEPENSE**

Mois

Revenus
- Salaire 1
- Salaire 2

Total revenus

Epargne
- Livret A
- PEL

Total épargne

Habitation
- Loyer/crédit
- Electricité
- Eau
- Gaz/fioul
- Internet
- Téléphone
- Assurance

Total habitation

Transports
- Essence
- Abonnement
- Achat/crédit voiture
- Assurance

Total transport

Alimentation
- Courses
- Restaurants
- Cantine

Total alimentation

Animaux

Nourriture

Total animaux

Enfants

Total enfants

Divers

Loisirs

Sports

Vacances

Total loisirs

- - - - - - - - - -

REVENUS **EPARGNE** **DEPENSE**

Mois

Revenus
Salaire 1
Salaire 2

Total revenus

Epargne
Livret A
PEL

Total épargne

Habitation
Loyer/crédit
Electricité
Eau
Gaz/fioul
Internet
Téléphone
Assurance

Total habitation

Transports
Essence
Abonnement
Achat/crédit voiture
Assurance

Total transport

Alimentation
Courses
Restaurants
Cantine

Total alimentation

Animaux

Nourriture [ ]
[ ]

Total animaux [ ]

Enfants

[ ]
[ ]
[ ]
[ ]

Total enfants [ ]

Divers

[ ]
[ ]
[ ]
[ ]
[ ]
[ ]
[ ]
[ ]

Loisirs

Sports [ ]
Vacances [ ]
[ ]
[ ]
[ ]

Total loisirs [ ]

REVENUS
[ ]

EPARGNE
[ ]

DEPENSE
[ ]

Mois

Revenus

Salaire 1
Salaire 2

Total revenus

Epargne

Livret A
PEL

Total épargne

Habitation

Loyer/crédit
Electricité
Eau
Gaz/fioul
Internet
Téléphone
Assurance

Total habitation

Transports

Essence
Abonnement
Achat/crédit voiture
Assurance

Total transport

Alimentation

Courses
Restaurants
Cantine

Total alimentation

Animaux

Nourriture

Total animaux

Enfants

Total enfants

Divers

Loisirs

Sports

Vacances

Total loisirs

- - - - - - - - - - -

REVENUS   **EPARGNE**   **DEPENSE**

Mois

Revenus

Salaire 1
Salaire 2

Total revenus

Epargne

Livret A
PEL

Total épargne

Habitation

Loyer/crédit
Electricité
Eau
Gaz/fioul
Internet
Téléphone
Assurance

Total habitation

Transports

Essence
Abonnement
Achat/crédit voiture
Assurance

Total transport

Alimentation

Courses
Restaurants
Cantine

Total alimentation

Animaux

Nourriture

Total animaux

Enfants

Total enfants

Divers

Loisirs

Sports

Vacances

Total loisirs

- - - - - - - - - -

REVENUS   EPARGNE   DEPENSE

Mois

Revenus

Salaire 1
Salaire 2

Total revenus

Epargne

Livret A
PEL

Total épargne

Habitation

Loyer/crédit
Electricité
Eau
Gaz/fioul
Internet
Téléphone
Assurance

Total habitation

Transports

Essence
Abonnement
Achat/crédit voiture
Assurance

Total transport

Alimentation

Courses
Restaurants
Cantine

Total alimentation

Animaux

Nourriture

Total animaux

Enfants

Total enfants

Divers

Loisirs

Sports

Vacances

Total loisirs

- - - - - - - - - -

REVENUS EPARGNE DEPENSE

Mois

Revenus

Salaire 1
Salaire 2

Total revenus

Epargne

Livret A
PEL

Total épargne

Habitation

Loyer/crédit
Electricité
Eau
Gaz/fioul
Internet
Téléphone
Assurance

Total habitation

Transports

Essence
Abonnement
Achat/crédit voiture
Assurance

Total transport

Alimentation

Courses
Restaurants
Cantine

Total alimentation

Animaux

Nourriture

Total animaux

Enfants

Total enfants

Divers

Loisirs

Sports

Vacances

Total loisirs

- - - - - - - -

REVENUS   EPARGNE   DEPENSE

Mois

Revenus

Salaire 1	
Salaire 2	

Total revenus

Epargne

Livret A	
PEL	

Total épargne

Habitation

Loyer/crédit	
Electricité	
Eau	
Gaz/fioul	
Internet	
Téléphone	
Assurance	

Total habitation

Transports

Essence	
Abonnement	
Achat/crédit voiture	
Assurance	

Total transport

Alimentation

Courses	
Restaurants	
Cantine	

Total alimentation

Animaux

Nourriture

Total animaux

Enfants

Total enfants

Divers

Loisirs

Sports

Vacances

Total loisirs

REVENUS   EPARGNE   DEPENSE

Mois

Revenus

Salaire 1
Salaire 2

Total revenus

Epargne

Livret A
PEL

Total épargne

Habitation

Loyer/crédit
Electricité
Eau
Gaz/fioul
Internet
Téléphone
Assurance

Total habitation

Transports

Essence
Abonnement
Achat/crédit voiture
Assurance

Total transport

Alimentation

Courses
Restaurants
Cantine

Total alimentation

Animaux

Nourriture

Total animaux

Enfants

Total enfants

Divers

Loisirs

Sports

Vacances

Total loisirs

- - - - - - - - - - -

REVENUS   EPARGNE   DEPENSE

Mois

Revenus

Salaire 1
Salaire 2

Total revenus

Epargne

Livret A
PEL

Total épargne

Habitation

Loyer/crédit
Electricité
Eau
Gaz/fioul
Internet
Téléphone
Assurance

Total habitation

Transports

Essence
Abonnement
Achat/crédit voiture
Assurance

Total transport

Alimentation

Courses
Restaurants
Cantine

Total alimentation

Animaux

Nourriture

Total animaux

Enfants

Total enfants

Divers

Loisirs

Sports

Vacances

Total loisirs

- - - - - - - - - - -

REVENUS   EPARGNE   DEPENSE

Mois

Revenus

Salaire 1	
Salaire 2	

Total revenus

Epargne

Livret A	
PEL	

Total épargne

Habitation

Loyer/crédit	
Electricité	
Eau	
Gaz/fioul	
Internet	
Téléphone	
Assurance	

Total habitation

Transports

Essence	
Abonnement	
Achat/crédit voiture	
Assurance	

Total transport

Alimentation

Courses	
Restaurants	
Cantine	

Total alimentation

Animaux

Nourriture

Total animaux

Enfants

Total enfants

Divers

Loisirs

Sports

Vacances

Total loisirs

- - - - - - - -

REVENUS   EPARGNE   DEPENSE

Mois

Revenus

Salaire 1
Salaire 2

Total revenus

Epargne

Livret A
PEL

Total épargne

Habitation

Loyer/crédit
Electricité
Eau
Gaz/fioul
Internet
Téléphone
Assurance

Total habitation

Transports

Essence
Abonnement
Achat/crédit voiture
Assurance

Total transport

Alimentation

Courses
Restaurants
Cantine

Total alimentation

Animaux

Nourriture

Total animaux

Enfants

Total enfants

Divers

Loisirs

Sports

Vacances

Total loisirs

REVENUS   EPARGNE   DEPENSE

Mois

Revenus

Salaire 1
Salaire 2

Total revenus

Epargne

Livret A
PEL

Total épargne

Habitation

Loyer/crédit
Electricité
Eau
Gaz/fioul
Internet
Téléphone
Assurance

Total habitation

Transports

Essence
Abonnement
Achat/crédit voiture
Assurance

Total transport

Alimentation

Courses
Restaurants
Cantine

Total alimentation

Animaux

Nourriture ☐

☐

Total animaux ☐

Enfants

☐
☐
☐
☐

Total enfants ☐

Divers

☐
☐
☐
☐
☐
☐
☐
☐

Loisirs

Sports ☐

Vacances ☐

☐
☐
☐

Total loisirs ☐

— — — — — — — — — —

REVENUS   EPARGNE   DEPENSE

☐   ☐   ☐

Mois

Revenus

Salaire 1
Salaire 2

Total revenus

Epargne

Livret A
PEL

Total épargne

Habitation

Loyer/crédit
Electricité
Eau
Gaz/fioul
Internet
Téléphone
Assurance

Total habitation

Transports

Essence
Abonnement
Achat/crédit voiture
Assurance

Total transport

Alimentation

Courses
Restaurants
Cantine

Total alimentation

Animaux

Nourriture

Total animaux

Enfants

Total enfants

Divers

Loisirs

Sports

Vacances

Total loisirs

REVENUS   EPARGNE   DEPENSE

Mois

Revenus

- Salaire 1
- Salaire 2

Total revenus

Epargne

- Livret A
- PEL

Total épargne

Habitation

- Loyer/crédit
- Electricité
- Eau
- Gaz/fioul
- Internet
- Téléphone
- Assurance

Total habitation

Transports

- Essence
- Abonnement
- Achat/crédit voiture
- Assurance

Total transport

Alimentation

- Courses
- Restaurants
- Cantine

Total alimentation

Animaux

Nourriture

Total animaux

Enfants

Total enfants

Divers

Loisirs

Sports

Vacances

Total loisirs

- - - - - - - - -

REVENUS   EPARGNE   DEPENSE

Mois

Revenus

Salaire 1
Salaire 2

Total revenus

Epargne

Livret A
PEL

Total épargne

Habitation

Loyer/crédit
Electricité
Eau
Gaz/fioul
Internet
Téléphone
Assurance

Total habitation

Transports

Essence
Abonnement
Achat/crédit voiture
Assurance

Total transport

Alimentation

Courses
Restaurants
Cantine

Total alimentation

Animaux

Nourriture

Total animaux

Enfants

Total enfants

Divers

Loisirs

Sports

Vacances

Total loisirs

- - - - - - - - - - - -

REVENUS   EPARGNE   DEPENSE

Mois

Revenus

Salaire 1
Salaire 2

Total revenus

Epargne

Livret A
PEL

Total épargne

Habitation

Loyer/crédit
Electricité
Eau
Gaz/fioul
Internet
Téléphone
Assurance

Total habitation

Transports

Essence
Abonnement
Achat/crédit voiture
Assurance

Total transport

Alimentation

Courses
Restaurants
Cantine

Total alimentation

Animaux

Nourriture

Total animaux

Enfants

Total enfants

Divers

Loisirs

Sports

Vacances

Total loisirs

- - - - - - - - - -

REVENUS   EPARGNE   DEPENSE

Mois

Revenus

Salaire 1

Salaire 2

Total revenus

Epargne

Livret A

PEL

Total épargne

Habitation

Loyer/crédit

Electricité

Eau

Gaz/fioul

Internet

Téléphone

Assurance

Total habitation

Transports

Essence

Abonnement

Achat/crédit voiture

Assurance

Total transport

Alimentation

Courses

Restaurants

Cantine

Total alimentation

Animaux

Nourriture

Total animaux

Enfants

Total enfants

Divers

Loisirs

Sports

Vacances

Total loisirs

― ― ― ― ― ― ― ― ― ―

REVENUS EPARGNE DEPENSE

Mois

Revenus

Salaire 1
Salaire 2

Total revenus

Epargne

Livret A
PEL

Total épargne

Habitation

Loyer/crédit
Electricité
Eau
Gaz/fioul
Internet
Téléphone
Assurance

Total habitation

Transports

Essence
Abonnement
Achat/crédit voiture
Assurance

Total transport

Alimentation

Courses
Restaurants
Cantine

Total alimentation

Animaux

Nourriture

Total animaux

Enfants

Total enfants

Divers

Loisirs

Sports

Vacances

Total loisirs

- - - - - - - - - - -

REVENUS   EPARGNE   DEPENSE

Mois

Revenus

Salaire 1	
Salaire 2	

Total revenus

Epargne

Livret A	
PEL	

Total épargne

Habitation

Loyer/crédit	
Electricité	
Eau	
Gaz/fioul	
Internet	
Téléphone	
Assurance	

Total habitation

Transports

Essence	
Abonnement	
Achat/crédit voiture	
Assurance	

Total transport

Alimentation

Courses	
Restaurants	
Cantine	

Total alimentation

Animaux

Nourriture

Total animaux

Enfants

Total enfants

Divers

Loisirs

Sports

Vacances

Total loisirs

- - - - - - - - - -

REVENUS   EPARGNE   DEPENSE

Mois

Revenus

Salaire 1
Salaire 2

Total revenus

Epargne

Livret A
PEL

Total épargne

Habitation

Loyer/crédit
Electricité
Eau
Gaz/fioul
Internet
Téléphone
Assurance

Total habitation

Transports

Essence
Abonnement
Achat/crédit voiture
Assurance

Total transport

Alimentation

Courses
Restaurants
Cantine

Total alimentation

Animaux

Nourriture

Total animaux

Enfants

Total enfants

Divers

Loisirs

Sports

Vacances

Total loisirs

- - - - - - - -

REVENUS   EPARGNE   DEPENSE

Mois

Revenus

Salaire 1
Salaire 2

Total revenus

Epargne

Livret A
PEL

Total épargne

Habitation

Loyer/crédit
Electricité
Eau
Gaz/fioul
Internet
Téléphone
Assurance

Total habitation

Transports

Essence
Abonnement
Achat/crédit voiture
Assurance

Total transport

Alimentation

Courses
Restaurants
Cantine

Total alimentation

Animaux

Nourriture

Total animaux

Enfants

Total enfants

Divers

Loisirs

Sports

Vacances

Total loisirs

- - - - - - - - -

REVENUS   EPARGNE   DEPENSE

Mois

Revenus

Salaire 1
Salaire 2

Total revenus

Epargne

Livret A
PEL

Total épargne

Habitation

Loyer/crédit
Electricité
Eau
Gaz/fioul
Internet
Téléphone
Assurance

Total habitation

Transports

Essence
Abonnement
Achat/crédit voiture
Assurance

Total transport

Alimentation

Courses
Restaurants
Cantine

Total alimentation

Animaux

Nourriture

Total animaux

Enfants

Total enfants

Divers

Loisirs

Sports

Vacances

Total loisirs

- - - - - - - - - -

REVENUS EPARGNE DEPENSE

Mois

Revenus

| Salaire 1 | |
| Salaire 2 | |

Total revenus

Epargne

| Livret A | |
| PEL | |

Total épargne

Habitation

Loyer/crédit	
Electricité	
Eau	
Gaz/fioul	
Internet	
Téléphone	
Assurance	

Total habitation

Transports

Essence	
Abonnement	
Achat/crédit voiture	
Assurance	

Total transport

Alimentation

Courses	
Restaurants	
Cantine	

Total alimentation

Animaux

Nourriture

Total animaux

Enfants

Total enfants

Divers

Loisirs

Sports

Vacances

Total loisirs

- - - - - - - - - - -

REVENUS EPARGNE DEPENSE

Mois

Revenus

- Salaire 1
- Salaire 2

Total revenus

Epargne

- Livret A
- PEL

Total épargne

Habitation

- Loyer/crédit
- Electricité
- Eau
- Gaz/fioul
- Internet
- Téléphone
- Assurance

Total habitation

Transports

- Essence
- Abonnement
- Achat/crédit voiture
- Assurance

Total transport

Alimentation

- Courses
- Restaurants
- Cantine

Total alimentation

Animaux

Nourriture

Total animaux

Enfants

Total enfants

Divers

Loisirs

Sports

Vacances

Total loisirs

- - - - - - - -

REVENUS   EPARGNE   DEPENSE

Mois

Revenus

Salaire 1
Salaire 2

Total revenus

Epargne

Livret A
PEL

Total épargne

Habitation

Loyer/crédit
Electricité
Eau
Gaz/fioul
Internet
Téléphone
Assurance

Total habitation

Transports

Essence
Abonnement
Achat/crédit voiture
Assurance

Total transport

Alimentation

Courses
Restaurants
Cantine

Total alimentation

Animaux

Nourriture

Total animaux

Enfants

Total enfants

Divers

Loisirs

Sports

Vacances

Total loisirs

- - - - - - - -

REVENUS   EPARGNE   DEPENSE

Mois

Revenus
- Salaire 1
- Salaire 2

Total revenus

Epargne
- Livret A
- PEL

Total épargne

Habitation
- Loyer/crédit
- Electricité
- Eau
- Gaz/fioul
- Internet
- Téléphone
- Assurance

Total habitation

Transports
- Essence
- Abonnement
- Achat/crédit voiture
- Assurance

Total transport

Alimentation
- Courses
- Restaurants
- Cantine

Total alimentation

Animaux

Nourriture

Total animaux

Enfants

Total enfants

Divers

Loisirs

Sports

Vacances

Total loisirs

- - - - - - - - - -

REVENUS EPARGNE DEPENSE

Mois

Revenus
- Salaire 1
- Salaire 2

Total revenus

Epargne
- Livret A
- PEL

Total épargne

Habitation
- Loyer/crédit
- Electricité
- Eau
- Gaz/fioul
- Internet
- Téléphone
- Assurance

Total habitation

Transports
- Essence
- Abonnement
- Achat/crédit voiture
- Assurance

Total transport

Alimentation
- Courses
- Restaurants
- Cantine

Total alimentation

Animaux

Nourriture

Total animaux

Enfants

Total enfants

Divers

Loisirs

Sports

Vacances

Total loisirs

- - - - - - - - - -

REVENUS   EPARGNE   DEPENSE

Mois

Revenus

Salaire 1
Salaire 2

Total revenus

Epargne

Livret A
PEL

Total épargne

Habitation

Loyer/crédit
Electricité
Eau
Gaz/fioul
Internet
Téléphone
Assurance

Total habitation

Transports

Essence
Abonnement
Achat/crédit voiture
Assurance

Total transport

Alimentation

Courses
Restaurants
Cantine

Total alimentation

Animaux

Nourriture

Total animaux

Enfants

Total enfants

Divers

Loisirs

Sports

Vacances

Total loisirs

- - - - - - - - - -

REVENUS   EPARGNE   DEPENSE

Mois

Revenus

- Salaire 1
- Salaire 2

Total revenus

Epargne

- Livret A
- PEL

Total épargne

Habitation

- Loyer/crédit
- Electricité
- Eau
- Gaz/fioul
- Internet
- Téléphone
- Assurance

Total habitation

Transports

- Essence
- Abonnement
- Achat/crédit voiture
- Assurance

Total transport

Alimentation

- Courses
- Restaurants
- Cantine

Total alimentation

Animaux

Nourriture

Total animaux

Enfants

Total enfants

Divers

Loisirs

Sports

Vacances

Total loisirs

- - - - - - - - - - - -

REVENUS   EPARGNE   DEPENSE

Mois

Revenus

Salaire 1	
Salaire 2	

Total revenus

Epargne

Livret A	
PEL	

Total épargne

Habitation

Loyer/crédit	
Electricité	
Eau	
Gaz/fioul	
Internet	
Téléphone	
Assurance	

Total habitation

Transports

Essence	
Abonnement	
Achat/crédit voiture	
Assurance	

Total transport

Alimentation

Courses	
Restaurants	
Cantine	

Total alimentation

Animaux

Nourriture

Total animaux

Enfants

Total enfants

Divers

Loisirs

Sports

Vacances

Total loisirs

- - - - - - - - - - - -

REVENUS   EPARGNE   DEPENSE

Mois

Revenus
- Salaire 1
- Salaire 2

Total revenus

Epargne
- Livret A
- PEL

Total épargne

Habitation
- Loyer/crédit
- Electricité
- Eau
- Gaz/fioul
- Internet
- Téléphone
- Assurance

Total habitation

Transports
- Essence
- Abonnement
- Achat/crédit voiture
- Assurance

Total transport

Alimentation
- Courses
- Restaurants
- Cantine

Total alimentation

Animaux

Nourriture

Total animaux

Enfants

Total enfants

Divers

Loisirs

Sports

Vacances

Total loisirs

REVENUS   EPARGNE   DEPENSE

Mois

Revenus

Salaire 1
Salaire 2

Total revenus

Epargne

Livret A
PEL

Total épargne

Habitation

Loyer/crédit
Electricité
Eau
Gaz/fioul
Internet
Téléphone
Assurance

Total habitation

Transports

Essence
Abonnement
Achat/crédit voiture
Assurance

Total transport

Alimentation

Courses
Restaurants
Cantine

Total alimentation

Animaux

Nourriture

Total animaux

Enfants

Total enfants

Divers

Loisirs

Sports

Vacances

Total loisirs

REVENUS   EPARGNE   DEPENSE

Mois

Revenus

Salaire 1	
Salaire 2	

Total revenus

Epargne

Livret A	
PEL	

Total épargne

Habitation

Loyer/crédit	
Electricité	
Eau	
Gaz/fioul	
Internet	
Téléphone	
Assurance	

Total habitation

Transports

Essence	
Abonnement	
Achat/crédit voiture	
Assurance	

Total transport

Alimentation

Courses	
Restaurants	
Cantine	

Total alimentation

Animaux

Nourriture ☐
☐

Total animaux ☐

Enfants

☐
☐
☐
☐

Total enfants ☐

Divers

☐
☐
☐
☐
☐
☐
☐
☐

Loisirs

Sports ☐
Vacances ☐
☐
☐
☐

Total loisirs ☐

- - - - - - - - - -

REVENUS   EPARGNE   DEPENSE
☐   ☐   ☐

Mois

Revenus
- Salaire 1
- Salaire 2

Total revenus

Epargne
- Livret A
- PEL

Total épargne

Habitation
- Loyer/crédit
- Electricité
- Eau
- Gaz/fioul
- Internet
- Téléphone
- Assurance

Total habitation

Transports
- Essence
- Abonnement
- Achat/crédit voiture
- Assurance

Total transport

Alimentation
- Courses
- Restaurants
- Cantine

Total alimentation

Animaux

Nourriture

Total animaux

Enfants

Total enfants

Divers

Loisirs

Sports

Vacances

Total loisirs

- - - - - - - - - - - - - -

REVENUS   EPARGNE   DEPENSE

Mois

Revenus

- Salaire 1
- Salaire 2

Total revenus

Epargne

- Livret A
- PEL

Total épargne

Habitation

- Loyer/crédit
- Electricité
- Eau
- Gaz/fioul
- Internet
- Téléphone
- Assurance

Total habitation

Transports

- Essence
- Abonnement
- Achat/crédit voiture
- Assurance

Total transport

Alimentation

- Courses
- Restaurants
- Cantine

Total alimentation

Animaux

Nourriture

Total animaux

Enfants

Total enfants

Divers

Loisirs

Sports

Vacances

Total loisirs

- - - - - - - - - -

REVENUS   EPARGNE   DEPENSE

Mois

Revenus

Salaire 1
Salaire 2

Total revenus

Epargne

Livret A
PEL

Total épargne

Habitation

Loyer/crédit
Electricité
Eau
Gaz/fioul
Internet
Téléphone
Assurance

Total habitation

Transports

Essence
Abonnement
Achat/crédit voiture
Assurance

Total transport

Alimentation

Courses
Restaurants
Cantine

Total alimentation

Animaux

Nourriture

Total animaux

Enfants

Total enfants

Divers

Loisirs

Sports

Vacances

Total loisirs

REVENUS   EPARGNE   DEPENSE

Mois

Revenus

- Salaire 1
- Salaire 2

Total revenus

Epargne

- Livret A
- PEL

Total épargne

Habitation

- Loyer/crédit
- Electricité
- Eau
- Gaz/fioul
- Internet
- Téléphone
- Assurance

Total habitation

Transports

- Essence
- Abonnement
- Achat/crédit voiture
- Assurance

Total transport

Alimentation

- Courses
- Restaurants
- Cantine

Total alimentation

Animaux

Nourriture

Total animaux

Enfants

Total enfants

Divers

Loisirs

Sports

Vacances

Total loisirs

- - - - - - - -

REVENUS   EPARGNE   DEPENSE

Mois

Revenus

Salaire 1
Salaire 2

Total revenus

Epargne

Livret A
PEL

Total épargne

Habitation

Loyer/crédit
Electricité
Eau
Gaz/fioul
Internet
Téléphone
Assurance

Total habitation

Transports

Essence
Abonnement
Achat/crédit voiture
Assurance

Total transport

Alimentation

Courses
Restaurants
Cantine

Total alimentation

Animaux

Nourriture

Total animaux

Enfants

Total enfants

Divers

Loisirs

Sports

Vacances

Total loisirs

REVENUS   EPARGNE   DEPENSE

Mois

Revenus

- Salaire 1
- Salaire 2

Total revenus

Epargne

- Livret A
- PEL

Total épargne

Habitation

- Loyer/crédit
- Electricité
- Eau
- Gaz/fioul
- Internet
- Téléphone
- Assurance

Total habitation

Transports

- Essence
- Abonnement
- Achat/crédit voiture
- Assurance

Total transport

Alimentation

- Courses
- Restaurants
- Cantine

Total alimentation

Animaux

Nourriture

Total animaux

Enfants

Total enfants

Divers

Loisirs

Sports

Vacances

Total loisirs

- - - - - - -

REVENUS   EPARGNE   DEPENSE

Mois

Revenus

Salaire 1
Salaire 2

Total revenus

Epargne

Livret A
PEL

Total épargne

Habitation

Loyer/crédit
Electricité
Eau
Gaz/fioul
Internet
Téléphone
Assurance

Total habitation

Transports

Essence
Abonnement
Achat/crédit voiture
Assurance

Total transport

Alimentation

Courses
Restaurants
Cantine

Total alimentation

Animaux

Nourriture

Total animaux

Enfants

Total enfants

Divers

Loisirs

Sports

Vacances

Total loisirs

- - - - - - - - - - -

REVENUS   EPARGNE   DEPENSE

Mois

Revenus

Salaire 1
Salaire 2

Total revenus

Epargne

Livret A
PEL

Total épargne

Habitation

Loyer/crédit
Electricité
Eau
Gaz/fioul
Internet
Téléphone
Assurance

Total habitation

Transports

Essence
Abonnement
Achat/crédit voiture
Assurance

Total transport

Alimentation

Courses
Restaurants
Cantine

Total alimentation

Animaux

Nourriture

Total animaux

Enfants

Total enfants

Divers

Loisirs

Sports

Vacances

Total loisirs

REVENUS   EPARGNE   DEPENSE

Mois

Revenus

Salaire 1
Salaire 2

Total revenus

Epargne

Livret A
PEL

Total épargne

Habitation

Loyer/crédit
Electricité
Eau
Gaz/fioul
Internet
Téléphone
Assurance

Total habitation

Transports

Essence
Abonnement
Achat/crédit voiture
Assurance

Total transport

Alimentation

Courses
Restaurants
Cantine

Total alimentation

Animaux

Nourriture

Total animaux

Enfants

Total enfants

Divers

Loisirs

Sports

Vacances

Total loisirs

REVENUS   EPARGNE   DEPENSE

Mois

Revenus
- Salaire 1
- Salaire 2

Total revenus

Epargne
- Livret A
- PEL

Total épargne

Habitation
- Loyer/crédit
- Electricité
- Eau
- Gaz/fioul
- Internet
- Téléphone
- Assurance

Total habitation

Transports
- Essence
- Abonnement
- Achat/crédit voiture
- Assurance

Total transport

Alimentation
- Courses
- Restaurants
- Cantine

Total alimentation

Animaux

Nourriture

Total animaux

Enfants

Total enfants

Divers

Loisirs

Sports

Vacances

Total loisirs

- - - - - - - - - - - - - -

REVENUS   EPARGNE   DEPENSE

Mois

Revenus

- Salaire 1
- Salaire 2

Total revenus

Epargne

- Livret A
- PEL

Total épargne

Habitation

- Loyer/crédit
- Electricité
- Eau
- Gaz/fioul
- Internet
- Téléphone
- Assurance

Total habitation

Transports

- Essence
- Abonnement
- Achat/crédit voiture
- Assurance

Total transport

Alimentation

- Courses
- Restaurants
- Cantine

Total alimentation

Animaux

Nourriture

Total animaux

Enfants

Total enfants

Divers

Loisirs

Sports

Vacances

Total loisirs

REVENUS EPARGNE DEPENSE

Mois

Revenus

- Salaire 1
- Salaire 2

Total revenus

Epargne

- Livret A
- PEL

Total épargne

Habitation

- Loyer/crédit
- Electricité
- Eau
- Gaz/fioul
- Internet
- Téléphone
- Assurance

Total habitation

Transports

- Essence
- Abonnement
- Achat/crédit voiture
- Assurance

Total transport

Alimentation

- Courses
- Restaurants
- Cantine

Total alimentation

Animaux

Nourriture

Total animaux

Enfants

Total enfants

Divers

Loisirs

Sports

Vacances

Total loisirs

- - - - - - - - - -

REVENUS   EPARGNE   DEPENSE

www.ingramcontent.com/pod-product-compliance
Lightning Source LLC
Chambersburg PA
CBHW081448220526
45466CB00008B/2550